Phil...
ou le mensonge des apparences

DU MÊME AUTEUR :

Il faut sauver la tendresse...
BOOKS ON DEMAND, 2011.

La Cigale
& autres douceurs
BOOKS ON DEMAND, 2011.

Enfin bref...
BOOKS ON DEMAND, 2012.

En vrac et en douleur
BOOKS ON DEMAND, 2012.

Il nous fut donner d'aimer...
BOOKS ON DEMAND, 2013.

Anna-Sylvia Tendron

Phil...
ou le mensonge des apparences

Couverture : *La mouche dans la toile*,
peinture acrylique de Anna-Sylvia Tendron
(droits réservés)

© 2013. Anna-Sylvia Tendron.

ISBN 978 2 32203 012 5

A vous mon bel Ami

...« J'ai aimé jusqu'à la folie,
ce qui est pour les autres la folie,
est pour moi la seule façon d'aimer »...
Françoise Sagan

Une belle femme au visage marqué par le chagrin et le temps, a gravé quarante neuf fois le nom et le prénom d'un homme, sur le sable mouillé, le long de la mer…

… *« Un monde sans lui ? Pourquoi veulent-ils me faire croire que c'est possible ?… »*

Les promeneurs surpris et curieux s'arrêtaient pour lire l'éphémère et étrange parchemin…

… *« S'il ne leur manque personne, quel était donc le poids des amours qu'ils ont vécus ?… »*

La femme, presque nue, belle et sans âge, ne regardait personne, agenouillée parmi les coquillages, ses genoux creusant le sable… de temps à autre elle rejetait sur ses épaules, ses longs cheveux châtains aux doux reflets blonds illuminés par le soleil…

... « *Mais qu'importe, il ne me suffit pas à moi que la terre soit dépeuplée par son absence... le monde sans lui c'est un monde où je ne serai pas...* »

...lorsqu'ils tombaient sur son visage...

Quand elle eut fini d'écrire cette longue litanie, elle s'est assise sans façon, et elle a regardé la mer effacer le nom de l'homme, en se laissant presque engloutir... Tous autour d'elle restaient figés, n'osant l'approcher, mais tous voulaient savoir qui était ce *PH.RE*, pour qui une femme magnifique dans sa détresse, offrait sans réserve toute la solitude du monde...

Qui êtes-vous monsieur pour mériter un tel amour ?

... « *Le monde sans lui c'est "mourir d'aimer", c'est mourir de son absence... Le monde sans lui je vous le laisse.*

Puis quand le sacrifice fut achevé, que la mer eût dévoré la dernière lettre sur le sable, elle s'est levée, et d'un pas lourd, des larmes inondant son beau visage, elle s'est éloignée...

« La première fois que je suis entré dans la chambre qu'elle occupait, elle était assise au bord du lit et écrivait.

Elle s'est tournée vers moi et soudain me tenait sous le regard vert de ses yeux changeants, qui parfois me paraitraient bleus, gris-bleus, selon son humeur ou le temps qu'il ferait. J'ai pensé alors :

« Des yeux hors du temps… »

Dès ce premier regard un désir irrépressible et un bonheur inattendu m'ont submergé…

Plus tard je me souviendrai de ce moment magique, par sa façon bien à elle délicate et généreuse de me faire l'amour.

Comment avait-il pu lui faire autant de mal ? »…

La tendresse est une vieille dame…

Mais c'est une dame.

Le bonheur est un vieux monsieur…

Mais c'est un monsieur.

Nous, nous réclamons cette part de grandeur, nous l'exigeons… sans jamais vouloir en payer le prix.

Je garde un peu de ce rêve que vous avez déposé en mon cœur, une bouffée de tendresse…

Une vieille dame…

Et ce bonheur éphémère en passant…

Un vieux monsieur…

Quand Phil prit la pointe d'un sein dans sa bouche, Syana fut emportée par une vague de plaisir qu'elle croyait ne plus savoir revivre.

Elle avait envie de sangloter, le bonheur était devenu son inconnu… Calmement Phil s'agenouilla… avec tendresse elle posa sa main sur le sexe gonflé, il eût ce regard d'un homme qui n'avait pas fait l'amour depuis longtemps…

Syana le fis s'allonger sur le lit, doucement caressa son visage, son ventre, le couvrant de baisers qui le faisaient frissonner, puis elle se déshabilla entièrement tandis qu'il suivait ses gestes.

Son corps n'était plus celui de sa jeunesse, mais devant le désir de Phil elle n'éprouva aucune gêne.

Phil était grave, son regard tendre plongé dans ses yeux comme s'il voulait désespérément qu'elle lui donne ce qu'elle possédait au plus profond de son être et qu'il attendait pour revivre.

Amant attentif il parcourait son corps tendrement.

Ils se découvraient ; comme d'une intimité déjà

ancienne, une égale et somptueuse volupté, baignée d'un érotisme raffiné…

Quand il posa sa bouche sur son sexe mouillé de désir elle fut submergée par un orgasme violent qui envahit tout son être ; Phil la regardait surpris et heureux… Lui rendant ses caresses, elle entendit un gémissement sourd, un souffle de blessé quand elle prit sa verge dans sa bouche…

Comme elle aimait son sexe !

Comme elle aimait de façon troublante et imprévue, le garder dans sa bouche, le prendre et recommencer la délicate caresse, amenant Phil au bord de la jouissance…

Alors téméraire sous ses invites, clouée au pal dur et délectable, elle le chevaucha laissant son corps se soulager de ses poids.

Phil bougeait en elle les mains plongées dans sa longue chevelure, enfin, après de longues minutes d'un plaisir étourdissant…

– Viens lui dit-il…Il se nicha au creux de son ventre avec douceur, lui murmura ces mots pesants d'une apparente tendresse et qui se déguisent en je t'aime… c'est tellement bon l'amour avec toi et tu es si douce ! Mais qui es-tu, pour me donner tant de plaisir ?

Ils se faisaient l'amour avec l'harmonie de vieux amants…

Phil bougeait avec lenteur, elle avait égaré la nécessité de ce bonheur qui lui faisait tout oublier.

Sous l'emprise du plaisir elle se cabra, alors Phil l'emporta jusqu'à un orgasme dont l'intensité la laissa frémissante, intouchable…

Ses yeux brillants dans les siens, ne pouvant plus résister, avec un cri libéré de toutes retenues il s'abandonna à son tour à une longue jouissance, un orgasme qui parut le foudroyer.

Elle lui murmura des mots de tendresse, fit de gestes, mais il n'y eut aucune réponse.

La culpabilité, elle le sentait, envahissait déjà le cœur de Phil…

Pourtant c'est lui qui avait tout fait pour que leur

histoire commence, il l'avait invité, embrassé, il était venu chez elle jusqu'à ce qu'elle cède à son désir.

A des promesses légères, des non-dits elle avait vendu son âme…

Quand il referma la porte ce premier soir, Syana sû au fond de son cœur, qu'elle venait de se condamner, en cherchant, désespérée, d'où lui venaient cette incompréhensible douleur et cette certitude, malgré ce message venu plus tard :

– C'est flamboyant, c'est un tsunami !... Je suis bouleversé, ému par ton abandon généreux et ce que tu gardes de mystérieuse pudeur, tu fais l'amour divinement…

C'était nous deux mon Phil.

Je suis accablé devant sa peine, moi l'ami, qui n'a été que cela au fil du temps, souffrant de ses souffrances, impuissant à soulager son chagrin. Je lui demandais de me parler de lui…

Je connaissais leur histoire qu'elle me contait chaque jour entre rires et larmes, cet amour qui la faisait soleil, elle qui pourtant, n'avait besoin de personne pour nous donner à tous une rayonnante tendresse.

Elle nous portait à bout de cœur, et par ce qu'elle était, sa générosité, sa différence, la poésie qu'elle révélait au quotidien, mais sa folie aussi, nous avions conscience d'avoir la chance de côtoyer un être rare, et nous ne cherchions pas à nous expliquer cette différence qui nous l'a rendait précieuse bien que pas toujours facile à vivre.

Je me demandais pourquoi, cet homme riche, beau, encore jeune avait-il choisi d'humilier mon amie ? Le désir ?

Mais il pouvait "s'offrir" n'importe quelle autre femme, il n'en manque pas qui n'attendait que cela être remarquée pas un ponte de la médecine !

Voulait-il se prouver de quoi il était capable ?

Et de quelle lâcheté s'accompagnait ce désir ? Ou avait-il malgré lui, quelques sentiments qu'il avait préféré ignorer ?

Je n'y crois pas, mais je ne peux m'empêcher de plaindre celle qu'il prétend aimer et qui remplace ; comme on remplace un mouchoir sali, ma trop naïve amie.

Je voulais que les mots emportent son chagrin, les mensonges de cet homme qu'elle aimait passionnément.

Je voulais que derrière sa peine elle trouve la force de la colère.

– Pourquoi veux-tu que je te parle encore de lui ?

– J'aime t'entendre...

– Te parler de Phil ? De cette douleur qui creuse ma vie ?

– Oui, redis-moi votre premier rendez-vous, le dîner dans ce bel endroit, l'émotion ressentie, le bon vin, l'excellence du repas...

Alors elle parle de son premier baiser, des distances, de la jeunesse... j'essaie de comprendre mais je m'aperçois qu'elle n'est plus tout à fait avec moi…

Elle continue, me parle de son départ, du vide sans fond, de la peine. Elle murmure les mots de la première fois, de ce feu d'artifice :

– Il devait m'emmener à Paris, visiter des musées, découvrir un tas de choses, il devait rester mon ami...

Les actes sont comme des promesses…

Mais les non-dits, on n'est pas obligé de s'en souvenir c'est facile tu comprends, de laisser croire sans jamais détromper l'autre.

Pourtant je voudrais qu'il me dise que je comptais, qu'il ne m'oubliera pas… qu'il restera dans ma vie.

Il était impensable que cet homme-là me fasse autant de mal.

Elle pleure sans bruit, les larmes coulent sur son visage, affranchies des convenances, exemptées de toutes justifications.

Je n'ose plus lui dire qu'elle est belle, qu'un autre s'en apercevra…

C'était un soir hors du temps, il m'attendait…

Lorsque je reçu sa première invitation à dîner, je me souviens d'avoir posé mes deux mains sur mon cœur pour calmer les battements de joie qui le rendaient fou.

Les sentiments retenus, l'amour interdit, soudain tout me revenait, comme une vague incoercible de bonheur qui débordait d'être trop grand.

Puis ma raison me rappela à l'ordre :

« ce devait être une erreur !

Il s'était sûrement trompé de personne, cela ne pouvait être lui, cet homme à qui je portais depuis longtemps déjà, une tendresse indicible ».

J'avais donc répondu sur le mode de la plaisanterie, que si c'était sérieux je disais oui, et que si ce n'était pas sérieux, je disais oui quand même.

Une année était passée depuis mon séjour dans cette clinique où le personnel médical se retrouvait dans l'obligation de faire des miracles avec les estropiés que nous étions.

Un lieu réservé aux malades du cœur, étrange hasard… et toutes les pathologies qui conduisent à ce résultat.
La mauvaise alimentation, la dépression, l'inactivité, et, la conclusion la plus grave, l'infarctus du myocarde.

Il était mon docteur, mais dès le premier jour où il est entré dans ma chambre, dès cette première consultation, qui ne devait être qu'un simple entretien de présentation, j'ai pressenti que si je ne prenais pas garde, mon intérêt pour lui, ma curiosité, allaient me conduire au-delà du raisonnable, si on peut parler de raisonnable lorsqu'il s'agit de choses du cœur.

Et même si très vite je me suis aperçue que lui non plus n'était pas tout à fait dans le rôle qui aurait dû être le sien et combien j'en étais heureuse, je me suis efforcée de ne préserver que la tendresse qu'il m'inspirait et de me rappeler à chaque instant, tout ce qui me séparait de lui.

Trop beau, trop jeune peut-être, trop tout ce que je n'étais pas ou plus…

Ainsi le croyant inaccessible, je me laissais aller à lui dire, pensais-je impunément, les choses de ma vie, mais aussi, en souriant amicalement je lui répétais qu'il était beau, que j'aimais quand il entrait dans ma chambre avec son : « bonjour Mme T, comment allez-vous ? »…

Que ne lui ai-je pas dit ? Avant de comprendre que je ne lui étais pas indifférente, avant qu'il ne se confie à son tour, et de me souvenir que l'amour se fout des convenances, des interdits, de l'arbitraire, qu'à vouloir lui dicter des lois dont il n'a que faire, on le rend médiocre, on le condamne, comme tout ce qui nous dérange, même au prix du bonheur fût-il éphémère.

Mais bien que des mois se soient écoulés, et malgré les tentatives de soumission et d'oubli, lorsque nous nous sommes revus le désir que nous avions l'un de l'autre a soudain repris ses droits.

Pourtant c'était l'esprit et le cœur en paix que je me rendais à son cabinet pour une consultation de contrôle…

Toi mon amour, tu sais que j'étais là en toute innocence, mais un inconnu farceur me donnait une permission contre ma volonté, tu as ouvert la porte.

J'ai vu ton sourire griffé d'une certaine tristesse, et ton regard qui me renvoyait le plaisir que tu avais de me voir.

Quand un amour naît comme une surprise que l'on reçoit la lutte est inégale.

J'allais quitter ton cabinet, alors sans réfléchir tu m'as attrapé, serré dans tes bras et tu m'as volé un premier baiser, je t'ai rendu le second, puis je me suis sauvée.

Des sentiments contradictoires me bouleversaient, le bonheur et la peur, la honte et le désir… et le goût de ta bouche que je garde à jamais.

Son impatience se révélait dans ses messages qui me bouleversaient et me faisaient perdre toute mesure.

La joie qui m'inondait, le bonheur que j'éprouvais ne pouvaient qu'être partagés…

Le furent-ils jamais ?

– Un samedi soir… Trois jours avant un dîner que j'attends avec délectation mais avec tant d'inquiétude aussi !

Je vous embrasse. Philip.

Une femme un homme dînant ensemble pour la première fois est-ce que cela se devine ?

Est-ce que les autres tout autour peu nombreux ce soir là, pouvaient ressentir son émotion à lui, sa joie à elle et sa peur de lui déplaire ?

Est-ce que la surprise du bonheur, du désir pouvait se voir ?

Se regarder comme on se regarde ce soir du jour, du premier rendez-vous, se boire du regard, se perdre dans les jeux de l'autre, ignorer simplement que ces instants seront, entre tous, inoubliables.

Dans ces secondes qui nous bâtissent une éternité, on accepte aveugles, tout ce que sera l'autre, ce qu'il fera, on pardonne déjà, on abdique devant le néant, pour un peu d'amour, comme on mendiera pour exister dans sa vie.

Aujourd'hui, longtemps après son abandon, ces mots gardent l'amertume de cette première forfaiture.

Rien n'avait de consistance, les choses et les êtres disparaissaient, nous ne revenions de nous que lorsqu'un serveur s'inquiétait de savoir si nous étions satisfait de ce que contenaient nos assiettes.

Nous nous souvenions plus tard, en riant, que ce que nous avons mangé était délicieux, mais difficilement de quoi il s'agissait…

Tu me répétais que j'étais belle, je te croyais, comme j'ai cru chacun de tes mots, qui coulaient un miel sous ma peau et me faisaient renaître.

Je redevenais dans ce qu'ils portent de rêve, et parce qu'un mot dit ce qu'il veut dire…

Vidés de leur sens, armés de mensonges, ils sont autant de blessures.

Tout avait commencé par :

— Bonjour ! Je regardais par curiosité vos œuvres car j'ai sincèrement aimé votre livre.

Vous allez sans doute trouver cela déplacé mais… Accepteriez-vous de dîner avec moi un soir ? J'ose…

Vous avez mon mail, amitiés.
Phil.

— Très amusant, si ce n'est pas une boutade bien évidemment je serais heureuse d'accepter, si c'est une blague j'accepte aussi !

Je suis un grain de sable dans ma propre vie alors… Quoi qu'il en soit merci de vos compliments.
Syana.

— J'avais peur que vous preniez mal cette invitation qui n'est pas une boutade !

J'invite donc le grain de sable que vous dites être à dîner, vendredi soir ça vous irait ? Je finis de consulter vers 19h30, amitiés.
Phil.

Elle lui disait :

– un jour, quand tout sera fini, j'écrirai notre histoire.

Il s'offrait un peu jaloux avec l'inconscience que donne le désir immédiat chez un homme…

Ce mensonge qu'ils se font à eux-mêmes, avant de nous l'infliger.

Amour désir, renié demain lorsqu'ils nous disent avec une arrogance de mioches :

– C'est fini ! Tu comprends ma femme… Et ce jour on découvre que l'épouse trompée n'était pas si fautive finalement.

Que malgré l'ardeur des sentiments en filigrane… Il ne t'avait rien promis, il avait juste pris…

– Il voulait cesser avant de, avant que…

Le regard fuyant avec cette lâcheté des hommes responsables de toutes les pires cruautés…

Rompant sans élégance, avec la femme amuse-gueule qui servait d'exutoire en attendant.

Mais il y aura toujours le premier rendez-vous, "lumineux", où la joie et l'émotion nous donnent le pouvoir de croire que demain et tous les lendemains à venir seront faits de ce bonheur fou, cette première inconscience qui nous fait oublier qu'on aura mal…

Ils pouvaient passer les autres, regarder, désirer, qu'importe on se croit à jamais guéri d'aimer…

Mais d'un revers du cœur, les incertitudes, les blessures se taisent, parce qu'un ni plus beau ni meilleur, aura ce regard, ce sourire…

Un homme qu'on ne rencontre qu'une fois, peut-être deux, dans sa vie.

Un être dont la sensualité se révèle égale à la notre et s'y mêle avec une incomparable évidence.

Mais fallait-il que je l'aime ?

Faut-il le sacrifice de l'un ou de l'autre pour que cet aboutissement soit possible.

Philip, j'ai tout aimé de vous, votre spleen, votre désir, votre sexe, vos caresses, ce visage si beau, votre culture, comme j'avais aimé ces mots de vous, dans un message que j'ai pris pour un aveu :

– Mon désir, de façon rarissime, quasi unique, ce désir est venu lors de mon travail. Une première bouffée de ce désir à la clinique. Puis une seconde au cabinet. Puis, besoin ni de travail, ni du cabinet pour ressentir ce désir…

Vous souvenez-vous ?

Oui, j'ai tout aimé de vous, et notre première fois reste comme vous avez si bien su le dire, un tsunami sans pareil, et une fragrance qui se prenait pour du bonheur.

Par vous me vient une autre solitude, pourtant la mienne me suffisait, comme j'étais loin alors d'imaginer le poids de mon amour pour vous.

Je continue à mêler les mots, les tresser, pour dire l'indéfinissable mélancolie des choses, l'imprudence des sentiments, leur fragilité…

Je suis moi aussi comme vous osiez me l'avouer,

chamboulée pour longtemps d'être passé entre vos mains.

Et cet ultime amour auquel il me faut renoncer marque la fin d'une certaine jeunesse, celle qui ne doit rien au temps défini par les humains, celle qui le brave, celle pour laquelle vous m'avez voulu…

Je ne voulais rien, ni qu'il vînt à moi, ni qu'il me quittât. Ni ses mots terribles comme des coups aux endroits du corps où ils tuent.

Je reste tourmentée à vouloir comprendre le sens de tout cela…

Si tu savais comme j'ai voulu me révolter, lui faire mal, mais c'est atroce de faire du mal à ceux qu'on aime, c'est se blesser à mort soi-même, c'est anéantir le merveilleux pour essayer de crever l'abcès du pire, et gagner une vie de noyé.

– Sa responsabilité était plus grande que la tienne, sachant surtout ce qu'il allait faire de cet amour. Tu étais sa patiente, en d'autres temps intouchable.

– Je ne suis pas d'accord, notre responsabilité est égale, seulement pour lui ce n'était qu'un jeu.

Une douloureuse mélancolie au fond des yeux, elle me dit les mots de son amour pour cet homme, elle me raconte le jour où il l'avait invité chez lui. Elle parle de sa belle maison d'homme qui a réussi, de la cave magnifique avec ses colonnes de pierres et ses proportions de palais Romain.
Elle me décrit le jardin dont elle aimait le désordre, du figuier aux fruits rouges et gonflés…

Elle rit…

Il m'a offert d'y goûter je me suis régalée.

Ensemble on se gausse de son miteux logement… je sais qu'elle se moque des possessions matérielles, mais triste, elle me dit qu'il partait vite après l'amour, il devait se rendre compte, il avait peut-être honte ?

Et puis elle poursuit en parlant des photos sur les murs dans la maison, de sa femme jolie sur une de ces photos, on parle d'elle…

J'avance que quand il prétendait que sa femme ne voulait plus faire l'amour, c'était une excuse, celle que trouvent tous les mecs pour tromper leur femme.

On se dispute, elle le défend, normal.

Moi je le condamne, j'aime cette femme et je hais celui qui a dévasté son cœur.

— C'est un salaud de profiteur, un lâche…

Sur ma lancée j'ouvre une bouteille de Bourgogne : le vin nous calme.

Je pense à lui, un peu de silence pour relancer la discussion :

— Un homme qui te baise sans amour, il te dit toujours plein de conneries pour y parvenir.

– *Je croyais en lui, en ce qu'il me disait, cela me rendait heureuse.*

– *--Pourtant avant ton passage dans cette clinique tu avais trouvé une certaine paix, et je me souviens que tu en avais besoin !*

– *Je ne pouvais imaginer qu'il pourrait poser son regard sur moi, avoir ce coup de foudre pour ma personne.*

– *C'est la facilité tu n'as pas compris ? Une femme seule, fragile, écorchée par la vie, belle aussi, quoi que tu prétendes…*

– *Tu es sans illusions, trop dur ! Et tu me fais mal…*

– *Mais il est toujours avec sa femme, ou avec une autre qu'importe, et il continue sa vie sans plus se soucier de toi.*

– *Il me disait, j'ai besoin de vous, vous me faites du bien, j'aime éperdument ma femme mais elle ne m'aime plus…*

Elle partie : trois semaines pour tomber amoureux d'une autre… qui n'était plus sa femme... qui n'était pas moi.

Je le touchais à pleines mains, caressais son

visage, je glissais mes doigts sur ses paupières, sur ses lèvres.

Partout sur lui mes mains allaient comme à la recherche d'un objet perdu.

Je le sentais frémir contre moi et je luttais pour que rien n'arrive, pour ne pas perdre ce que nous étions l'un pour l'autre.

— Je devrais te chausser de souliers de plomb pour t'obliger à rester parmi nous !

Avec tout ce que tu as enduré dans ta chienne de vie c'est bon là…

On aimerait qu'elle te foute la paix la vie, et en plus il faut supporter de t'entendre trouver des excuses à ce con !

– Arrête les grossièretés, c'est la vie comme tu dis !

– Oui, et on en crève inexorablement.

– Je l'aime, je le connais et je le reconnaitrai au milieu de cent, je le devine dans mes rêves quand viennent s'y réfugier une multitude d'inconnus…

Je le surprends sur le visage des passants, dans un sourire sans défense, un regard brun qui me dévisage.

je suis dévastée, que dois-je faire ?

Trouver un autre monde où réapprendre à marcher, à rire, à croire, à baiser pour baiser et ressembler au plus grand nombre ?

Un monde où je m'attends entière comme j'étais avant cet amour, « Avant toi, mieux qu'avant toi »…

Je voudrais devenir infâme…

La peine a emmené ma tendre amie au-delà des hommes et de leurs lâchetés… je sais que désormais elle ne se laissera plus approcher, qu'elle aimera ce Phil indigne en secret, et ira jour après jour puiser dans cet amour-tendresse préservé au fond de son cœur, la force de continuer à survivre.

Un désir fou nous jetait dans les bras l'un de l'autre... à peine prenions nous le temps de nous déshabiller, ses mains impatientes sur mon corps, il me couvrait de baisers et allait ardent, lécher mon sexe éperdu, alors qu'entre mes mains son membre se gonflait de désir... femme jusqu'au délire je criais des mots fous, ses doigts forçaient ma résistance et s'enfonçaient en moi profond, et rendant mon plaisir absolu...

Dans l'extase je le pénétrais, mes doigts à leur tour l'obligeaient à se rendre, alors je prenais le temps, et longuement dans ma bouche je lui infligeais le délicieux tourment.

Soudain presque violent il me repoussait et me pénétrait avec l'exigence que réclamait le désir qu'il avait de nous... poussait un cri qui déchirait le ciel, et venait mourir sur mon corps.

Rappelle-toi mon amour...

Ainsi nous nous sommes aimés, sur les tapis rouges ou bleus des salles d'attentes de tes "cabinets", dans ta trop belle maison et là où l'urgence de notre envie de nous, égarait nos raisons… comme il nous était impossible d'aller au cinéma sans que dans la pénombre complice, nous allions jusqu'aux limites de l'impudeur. Mes seins redevenaient des seins, mon corps retrouvait sa raison d'être, et tu relevais de grâce chaque geste de tendresse que tu me destinais.

Lorsque tu venais chez moi je te prenais par la main et te menais jusqu'au lit où, tremblant et affamé tu préparais la destruction de ce que nous avions voulu avec presque le même amour.

Je croyais de tout mon cœur qu'il en était ainsi.

Souvent je me cache après l'amour en me glissant sous les draps, tu voulais savoir pourquoi, mais je n'ai jamais su moi-même…

Il y a une partie de moi qui doit savoir, qui sait tout, mais qui se tait.

Tu m'as touché, pressé, bu, pénétré, prié, tu me disais sans cesse, que tu adorais faire l'amour avec moi… et toujours ton regard profond posé dans mes yeux.

J'aimais quand tu étais jaloux, même si tu t'en défendais, tu m'avouais que tu ne pouvais m'imaginer dans les bras d'un autre et lui faire l'amour…

C'était impossible mon amour…

Tu affirmais que d'aimer rend forcément jaloux, étrange, car moi je te rétorquais que la jalousie était sexuelle, qu'un homme était jaloux de la femme qu'il désirait, tu maintenais qu'il fallait aimer pour éprouver ce sentiment.

Qui de nous deux mon bel ami, a trahi ses certitudes ?

Après ces joutes d'amants heureux, nous refaisions l'amour.

Et renaissait l'ivresse des caresses, ta langue s'insinuait entre mes cuisses et trouvait mon guerrier durci de désir, je tenais ta tête adorée entre mes mains et savourais l'incomparable plaisir, je remuais sous ta bouche avide en gémissant des mots fous, des prières, des supliques, et tes doigts, passagers de l'impossible accomplissaient l'irréparable, et débusquaient le plaisir, la vague incoercible d'un orgasme flamboyant.

Tu me buvais, me savourais jusqu'à la dernière coulée.

Ivre de bien être, sous ton regard de fauve, je mangeais à mon tour ton sexe et ta chair, parcourant ton corps précieux de folles caresses, de visites indiscrètes, là où ton envie n'osait les réclamer, et toujours sur tes lèvres ces mots que je voulais d'amour.

Mon petit doigt, prisonnier d'une boucle de tes cheveux, mon pouce posé sur ta paupière close. L'index de mon autre main descend le long de ton front, grimpe jusqu'au bout de ton joli nez, puis redescend doucement sur ta bouche, il frôle attendri, tes lèvres que je me retiens d'embrasser.

Ma main soudain dévale la courbe de ton cou, et grande ouverte s'abat sur la toison douce de ton torse : j'aime y enfouir mon visage, y trouver ton odeur…

Ma main devenue impatiente, effleure la peau de satin de ton ventre d'adolescent, un frisson te parcourt et me révèle ton plaisir secret.

Ton sexe tendu que ma bouche agace, tes mains qui retiennent les miennes sur ton envie…

Je continue mon voyage, mes mains courent à nouveau le long de tes cuisses, de tes jambes et vont importuner tes pieds que j'embrasse follement.

Puis les caresses reviennent sur leurs pas, ma bouche se saisit tendrement de ta verge, ma langue à petits coups redécouvre ton membre, tu grondes de désir.

Tes mains sont partout sur moi, tu te venges amoureusement.

Demandant grâce nos corps joyeux se prennent... de ton va-et-vient tu cognes mes reins, ta verge fouaille mon ventre, et nos cris ensemble affrontent la vie.

– Bonsoir ! Merci pour ce dîner frais dans ma tête qui me laisse les papilles comblées. C'était vraiment un plaisir de partager ce moment avec vous, de parler avec vous… Et comme en plus vous êtes très belle, belle à croquer, belle à craquer, il y avait le fond et la forme, nous convenions de l'importance de la chose ! Amitiés.
Phil.

– Que de compliments ! Simplement courtois ? Me regardez-vous vraiment ? Vous que je trouve tellement charmant et si loin de ce que le temps a fait de ma personne, et pensez-vous qu'il puisse en être autrement pour moi, en ce qui concerne ce dîner ?
Syana.

– Le temps vous a sans doute changée, comme il a pu me changer aussi. Mais quand je vous vois, je ne pense pas au temps, à l'âge, mais à un beau visage, des yeux hors du temps et ce regard est le mien, vraiment sincère. Vous êtes belle, même sous la torture je n'en démordrai pas !

Difficile de parler de mon désir. De façon rarissime, quasi unique, ce désir est venu lors de mon travail. Une première bouffée de désir à la clinique. Puis une seconde, au cabinet. Puis besoin ni du travail, ni du cabinet pour ressentir ce désir…

Et lors de notre premier baiser, il a fallu que je me fasse violence pour vous laisser vous détacher.

Mais…parlez-moi de votre désir.

Baisers du matin.
Phil.

Et d'autres rendez-vous, avec toujours ton impatience qui me ravissait :

—Je suis comme un grand ado en attendant vendredi… l'attente serait bonne ? Surtout quand elle se termine oui… Te laisserai-je le temps de parler avant de me jeter sur toi ?
Baisers.
Phil.

Nos messages se sont croisés… les tiens sont tellement beaux ! J'ai honte de ma prose. Re-baisers.
Phil.

Mais aussi des aveux, il m'écrivait ses doutes :

– Vous décevoir ? Suis pas vraiment homme sûr de lui donc peur de décevoir, oui, je peux vous décevoir en ne répondant pas à vos attentes, en étant un homme trop pressé, trop attentiste… une parole déplacée, un geste de trop, je ne sais pas encore… un peu de tout ça…
Phil.

Si ! Si tu savais mon amour.

Tu savais que tu allais me faire mal ! Mais ton plaisir comptait plus que ma douleur.

Une autre existait déjà, et tu me sacrifiais en te donnant le temps de t'habituer à cette autre.

Tu ne prenais aucun risque, surtout pas celui de te retrouver seul… alors que ta femme te quittait.

Et puis ce fut ses visites.

Il apportait du porto, du vin, sa peine et ce mal-être d'homme marié dont le couple n'est plus qu'une fébrile apparence.

Je recommençais à cuisiner pour lui : l'autre façon d'aimer.

C'était, et c'est toujours un grand gourmet-gourmand et tous les deux à table, comme en amour, nous étions d'une égale et gourmande entente. Je l'ai régalé de moules au curry et autres fruits de mer, je l'ai vu engloutir une demi cocotte de mon inégalable chili con carne : il m'avouait que celui que lui-même cuisinait n'était pas aussi bon !

Mais par-dessus-tout il se délectait de ma bolognaise et ce soir-là après s'être goinfré au possible, il me dit :

– C'est le meilleur repas que j'ai fait depuis un an !

Le fou !... Fou de désir, gourmand, exigeant... Comment aurais-je pu ne pas t'aimer...

Toujours avec la promesse de ces fameux voyages, par lesquels je rêvais de redécouvrir Paris, ses musées et ses secrets, en son amoureuse compagnie...

Je lui disais que je me lovais dans cet amour…

Etait-il sourd ?

– Moi aussi, j'ai aimé cette soirée, merci. J'ai aimé tout ce que vous avez pu me donner, tout ce que vous avez pu me montrer et j'ai même beaucoup aimé que vous ne m'ayez pas tout donné je vous embrasse.
Philip.

Ainsi de soirées aux longues discussions où nous parlions musique, peinture, littérature ; nous nous sommes découvert le même besoin de lire.

Nous parlions des êtres, de la vie, et beaucoup de son chagrin.

Je l'écoutais comme je l'aimais, toute entière à sa merci.

Puis, de messages galants ou parfaitement coquins, en conversations téléphoniques d'une égale tendresse, si je n'avais cédé à ton désir, aujourd'hui tu serais mon ami.

Un soir j'ai cédé, je voulais te rendre heureux.

Mais tu te mentais à toi-même, tu n'avais besoin que de sexe en attendant que les choses de ta vie reprennent un cours normal.

Moi, je m'installais, aveugle et dérisoire, dans cet amour de dupe, qui allait m'anéantir.

L'indéfinissable manque constitué de l'autre, la lutte féroce contre ce chagrin. Tu savais déjà que le plaisir une fois donné et reçu, tu ne m'accorderais que quelques secondes de ton temps et qu'une autre prendrait ma place de carton-pâte.

Le bonheur fait-il trop de bruit pour que tu ne lui aies accordé que des heures volées ?

Aucune nuit, aucun matin.

Tu m'as cherché, tu m'as voulu, tu paraissais être capable d'y mettre le prix, mais quel était-t-il ?

Puisque je ne te demandais rien que d'aller au bout de ce chemin et pour la première fois de ma vie de femme, atteindre le but, ne pas revenir bredouille de cet inaccessible accomplissement.

Te voilà au milieu des autres mon amour ! Jouis et que ton sang éclabousse les murs comme en Espagne, au temps des morts silencieuses et infâmes.

Je connais ta force de non-dits sous l'apparence lisse d'une certaine honnêteté.

Ces belles apparences, qui aux yeux des âmes simples font aux filous des allures d'intouchables.

Et moi l'affamée, bouffonne risible, clown toujours triste derrière ses rires, je savais les limites de mes paillettes et de mes facéties.

Femme vieillissante, je croyais que j'étais libre, je ne savais pas que j'allais t'aimer à en devenir démente. Vaincue je ne trouve plus ma vie, mon cœur parti te courir après… la peur revenue.

Installée sur la chaise, dans le lit, devant le cinéma, à la table des restaurants, dans ta cave, sous ton figuier, dans la chambre anonyme d'une clinique, sur les routes, les marches, à mon portail, dans ma voiture, au pied du château de ton pays, dans ta voiture, sur la musique, celle de l'amour, le verre de vin…

j'ai peur…

Je n'ai trompé personne, surtout pas toi mon Amour !

Mon corps et dans une caisse en marbre, il ne peut plus être touché, et je resterai à attendre, j'ai toujours attendu des quelques-uns, des quelques-unes que j'aimais...

Ceux qui étaient sensés me rester pour me faire grandir, pour me rendre l'amour et la tendresse que je leur portais... qui devaient faire de moi une grande personne, et non cette femme rafistolée de bric et de broc, avec un cœur aux aguets de la moindre tendresse, incorrigible fou, sanctionné de vouloir aimer envers et contre tout...

– Il n'y a pas de plus "grande" personne que toi ! Et plus généreuse, tu possèdes une intelligence, que tous malgré leur savoir peuvent t'envier.

Tu ne dois pas te déprécier parce qu'un con sans cœur, a joué avec tes sentiments, parce qu'un égoïste et j'en passe, se moque du mal qu'il fait.

Cet homme qui n'est même pas beau, tout juste charmant et trop velu à mon goût !

– Que vient faire ton goût ici, et comment sais-tu qu'il est velu, comme tu dis ?

– Tu m'a confié ce détail… et bien d'autres encore ! Tu as oublié ?

– Je t'ai parlé de cela parce que je cherchais à comprendre comment et pourquoi j'aimais un homme qui par son physique était l'opposé de ce que je désirais ; jusqu'à cette rencontre ! Mais je ne te permets pas de transformer cette interrogation en critique désobligeante à son égard, ce n'est pas loyal.

– Un jour, j'aurai moins mal ; il sera mon ami.

– Tu es décidément incorrigible, mais tu as raison, garde l'espoir de cela, de l'amitié, de la tendresse, toi qui dis toujours que c'est le seul sentiment qui nous soit nécessaire, et le seul qui persiste quand tous les autres se sont taris.

– Mais il est trop tard pour que j'aille au bout de mes rêves, trop de combats, de batailles perdues.

– Il a joué entre ton amour et son désir, entre sa faiblesse et tes illusions, on verra… on ne se laisse pas aimer impunément, nul ne peut-être seul maître du jeu.

– Le destin est toujours cruel, le mien se débrouille pour se placer en tête dans cette catégorie !

Notre histoire ne sera que cela finalement ?

Tout ne tiendrait que dans ces lignes de désirs avoués ?

Le reste ne serait que du vent ?

---Non, bien sûr que non ! Je sais moi, pour t'avoir vu et entendu que votre histoire est celle d'un amour qui ne sera jamais ordinaire puisqu'il est le tien.

Mon intelligence mise à mal, mon intégrité désagrégée, les sentiments bafoués et la perfection saccagée.

De la figue plein la bouche, le jus qui me coulait sur le menton.

– C'est bon ! C'est vraiment bon !

Il me regardait en souriant, tout en cherchant dans son arbre une autre rescapée de sa propre gourmandise pour me l'offrir.

– Je te fais visiter ma maison ?

Pleine de pièces et de recoins, des portes sur des chambres, deux magnifiques escaliers, d'immenses greniers où dormaient des masques africains. Des couloirs, des photos accrochées au mur, et puis quelques marches secrètes conduisaient à la cave mystérieusement belle, et sur les murs des casiers remplis de bouteilles de vin renommé.

– Tu as soif ?

– De ce vin oui !

Deux verres élégants d'un délicieux bordeaux, le désir qui flotte, il m'attrape soudain et nos bouches se dévorent, avec le goût du vin sur nos lèvres.

Il me prend sur lui m'empale sans violence sur sa verge dressée, le plaisir me courbe et nous fait trembler… Soudain il se retire, me retourne et me trousse impatient, en écartant mes jambes il s'enfonce et commence son va-et-vient, mon cri sur ma jouissance, a dû s'entendre jusque dans la rue derrière le soupirail, avec le sien faisant écho…

Ma robe blanche inondée de son sperme qui coule sur mes cuisses glisse le long de mes jambes…

Le bonheur est un feu de paille.

– En m'éloignant de chez lui, de la maison de sa femme, de cette femme qui ne voulait plus de lui, un sentiment de désespoir m'a saisi le cœur.

Un mélange de honte mais aussi de chagrin, le désespoir entrevu et l'envie d'en pleurer.

– Tu comprenais inconsciemment que déjà il t'utilisait. Même si c'était bon.

– Mais les figues, le vin, sa maison ?

– Il est plus tordu que certains c'est tout !

– Je suis surtout plus naïve et utilisable que d'autres !

– Rien n'est comme il aurait fallu que ce soit.

– Il ne lui manquait que le courage d'être heureux.

Je le désirais et le désire encore de tout mon être.

J'aimais ses mains sur moi.

J'aimais nos mélanges, sa sueur, sa salive au goût troublé de cyprine, ma jouissance restée sur ses lèvres…

J'aimais son désir.

Un jour, sa voix au téléphone, désagréable, dure, intonations blessantes.

Comme j'étais aveugle !

Je tentais de comprendre ses changements d'humeur, ses longs silences angoissants qu'il m'imposait entre ses visites, alors qu'il m'avait habituée, à être là deux fois par semaine... les deux jours où il se trouvait dans ma ville pour son travail, sans parler de certains dimanches...

Comme j'ai dû lui paraître crédule et naïve !

—Tu es peut-être naïve, mais ça fait partie de tes charmes, et tu l'aimes.

C'est lui qui devrait avoir honte, car il te connaissait plus intimement que beaucoup, tu étais restée un mois durant dans cette clinique.

il avait ton dossier entre ses mains, ce qui lui permettait à moins que ce ne soit un parfait imbécile, de découvrir et d'apprécier qui tu étais, et faire en sorte de ne pas te faire souffrir, de ne pas te sacrifier à l'hôtel de son plaisir et bon vouloir.

– Je suis perdue...

– Mais moi je suis là, je suis ton vieil ami ne l'oublie pas !

– Il s'est moqué de moi... il sera puni... On est puni... même quand on a rien fait de mal !

– -Enfin de la colère !

– Je comprends qu'il ne voulait de moi que comme une bouée de sauvetage, que comme pis-aller, il ne pouvait que boire à ma coupe, mais pas me garder. Je suis au couchant de ma vie, lui il peut s'offrir une gazelle encore fraîche !

– Tu crois qu'il ne s'était aperçu de rien ? Il s'en foutait de savoir l'âge de ta chatte, il a bien été y fourrer sa queue, sa langue et apparemment cela ne lui a pas déplu.

– Arrête ! Tais-toi !

–Tu lui offrais une tranche de bonheur, une part d'amour quel con !

– Je lui offrais d'être lui, de jouir nuit et jour autant qu'il le pourrait, autant qu'il le voudrait.

Je le faisais roi à ma table et prince dans ma couche.

Je l'aimais, je l'aime...

Je l'aime hier avec mes vingt ans, et les années qui me séparent de celle que je suis aujourd'hui, je l'aime à plusieurs, de toutes les femmes dont je suis faite.

– Belle, avec un cœur inconnu dans ces temps de saloperies, si belle, et dedans quand on s'y balade on apprend la beauté des êtres et des choses, on s'approche de l'absolu, de la joie sans tricherie...

Ne pleure plus.

– Je ne voulais plus être abandonnée.

– Cet homme est impossible ! Il doit manquer de confiance en lui.

– Et alors ? Je te rappelle qu'il est médecin, il a bien fallu qu'il fasse des études.

– Ça n'empêche pas qu'il puisse manquer de confiance en lui, ce qui expliquerait cela.

– Que veux-tu dire ?

– Ne te fâche pas, mais tu lui as servi de tremplin pour retrouver un peu d'aplomb et de confiance en lui, une femme plus âgée, il croyait peut-être te faire une fleur.

– Comment dois-je prendre cette remarque ? Soit vieille et tais-toi ?

Laisse-toi baiser, trahir, et dis merci, au monsieur gentil qui t'a tronché pour se prouver qu'il était encore un homme, capable d'enculer les pigeons ?

C'est vrai qu'il ne devait plus savoir comment la chose se faisait, vu que sa chère épouse allait paître dans d'autres pâturages.

Je me demande bien pourquoi ?

Avant je me moquais de la raison de ce lâchage, mais aujourd'hui vraiment je voudrais savoir !

---Eh bien ! Nouveau statut, nouveau langage, je n'aime pas quand tu parles mal, la colère oui, mais pas ces mots qui te blessent quand tu les prononces.

– Cesse ton cinéma, je t'en prie ! J'ai mal, et je suis désespérée de l'imaginer avec une autre, d'imaginer leurs caresses, leurs étreintes, alors que mon désir pour lui reste absolu, inassouvi.

– Le temps, il n'y a que le temps… parfois.

– Je dois apprivoiser mon chagrin, l'affamer, lutter de pieds fermes, mais j'ai besoin de lui, de ses messages qu'il m'adressait et du bonheur que ces messages m'apportaient…

Ne jamais oublier désormais, qu'il n'est pas toujours besoin de paroles pour mentir…

Le corps entier peut se rendre coupable par sa complaisance à ne vouloir que sa satisfaction de chair.

– Allons, beaucoup de personnes t'aiment, laisse cet homme mesquin et petit retourner à ce qu'il est.

Quand on refuse un tel amour pour de sales excuses il arrive un jour ou l'autre de devoir s'en souvenir, et peut-être en payer le prix.

– Dois-je me consoler de ces mots ?

– Oui, essayer de toutes tes forces, et tu en as !

– Je suis lasse, toute ma vie j'ai refusé le mensonge, les non-dits, la tricherie, et se sont ceux dont nous dépendons, le croyons nous, qui s'en rendent coupables.

– Ainsi dit le renard au Petit Prince :

Nous sommes responsables de ceux que nous apprivoisons ! Saint-Exupéry…

Abandonner les êtres dont nous nous sommes fait aimer est un acte de mépris et d'indifférence qui révèle un profond égoïsme.

– Et celui ou celle délaissé comme une chose sans importance, garde le sentiment de ne pas être "aimable", au point de ne plus s'aimer lui-même.

– Je pense à lui comme au premier jour, chaque heure de ce temps qui défile, triste et sans lumière.

Un jour il m'envoyait ce message, ultime humiliation avant le coup de grâce :

«Tu es aimée de moi, bien sûr, à ma façon mais aimée de moi !

Par contre, je ne peux te côtoyer autrement. Et cette absence vient et j'espère qu'elle me donnera le courage de ne pas me laisser envahir par nos moments de plaisirs intenses, qu'elle me permettra de mieux percevoir cette souffrance que je crée chez toi et que je ne veux pas, pour garder en nous tous ces moments, sans les ternir et que soient possibles d'autres instants moins volcaniques, plus apaisés, mais ressemblant à une amitié vraie »…

Baisers, tendresse.
Phil.

J'attends mon bel ami, que tu te souviennes de cette promesse d'amitié.

– Et à cette autre femme, comment lui dit-il "je t'aime" ?

Lui lance t-il au visage ces mots comme une injure… "Vous êtes deux à savoir faire l'amour !"

Si ce n'est pas digne d'un salaud, dis-moi quel est l'homme qui peut dire cela sans vergogne, à celle à qui il faisait l'amour éperdument, juste trois jours avant ?

– Je n'aurais pas dû te dire tout cela, et puis comment te répondre ? Et te dire que j'entends ces mots hurler dans ma chair, et qu'ils m'infligent une insupportable souffrance ?

Ma tendresse à fleur de peau, à fleur de cœur, devant le ciel qui n'en finit pas d'être bleu.

Mon amour, mon tendre amour à la lisière de ta vie. Mon amour empêché et mon corps malade à crever d'une douleur qui le déchire…

Et l'autre, plus jeune, plus belle entre tes bras, sous tes mains, sous ta bouche et mon cri de bête blessée, comment avoir plus mal, et comment en mourir sans faire de bruit, sans que l'on s'aperçoive de mon départ,

J'avais réappris l'espérance, le désir, le tien… tes mots.

Les reins levés tu allais où nul ne fut jamais.

Ton bateau découvrait mes Amériques et moi j'étais le vent qui gonflait tes voiles, se levait au-dessus des flots, de la terre, de toi mon amour, qui suivait ce courant d'un regard fiévreux…

Tu aimais follement cet amour…

Après mes voyages je revenais me poser.

Tu reprenais ta route pour me pousser encore plus haut encore plus loin, frappant à grands coups tu devenais celui qui se plaint sourdement, tu m'écrasais de tout ton corps aux spasmes de mourant.

L'espérance n'est plus que chimère.

Mes amours enfuis et mon cœur en exil.

Ô son souffle sur mon cou, sa main sur mon sein…

Tout ses non-dits enfermés dans son sommeil… ses soupirs fugitifs qui passent sur ses lèvres, emportant des mots inavoués, que je n'entendrai pas, dans ce royaume où nul n'accompagne jamais l'autre.

Sommeil d'après le plaisir… glissant sur la nuit venue dans son silence vigilant.

Dormir… abandon provisoire, essai sans éternité…

Tout ce pourquoi tu te bats, choses et souvenirs, fatras qui t'ensevelis… tout ce que tu penses posséder, tout de ce que tu crois dépendre.
Tout comme rien… ombre en contre-jour d'un pays, ses ruelles, ses arbres, ses maisons et ses gens qui marchaient…

Avant que le sommeil ne dure, l'autre le tueur et que ton souffle à ma bouche ne fasse plus écho, que ton corps tant aimé ne puisse plus rien me donner.

Où seront ces choses ?

Mes pensées voluptueuses couchées sur le parchemin de ta peau…

J'atteindrais l'infini pour t'y attendre…

Je dérangerai les ordres établis, les anges et les Dieux…

Il me faudra un palais rouge, des portes secrètes, des colliers de diamants…

J'aurais l'allure d'une reine antique, romaine et païenne…

Selon ton plaisir je serai l'une ou l'autre…

La courbe de ta hanche, le soleil s'y pose…

La brise qui s'aventure en tes lieux qui sont mes repères, mes seuls territoires…

Ma main frôle le mont de tes fesses et caresse la vallée sombre…

Sur le pré le cri des enfants qui se chamaillent pour une poignée de billes…

Ton visage endormi, dans tes cheveux quelques fils blancs préviennent qu'il est tard…

Un chien aboie comme un homme qui parle fort… sur fond de ciel perlé de crème…

Ton souffle doux sur ma joue : mieux que le bonheur…

Dans cette seconde suspendue qui recèle tout ce qui m'importe…

Je cesse de respirer pour entendre ton sommeil…

Mon centre du monde au creux de mon lit…

Ton corps et ses cachettes douces et chaudes…

Tout m'indiffère au-delà de ce lieu, la fin de toi est impossible…

C'est la fin d'exister…

Le fruit tombé…

Ne rien bouger…

Laisser le temps nous perdre de vue…

A mon ventre criant d'un sublime désir tu allais encore et encore dévorer la pulpe sanguine, fruit mûr qui coulait son jus de saveurs changeantes sur tes lèvres, débordant de sa coupe le ruisseau grossi de mes sens embrasés, franchissait le barrage de tes dents, se ruant pour aller là où mon corps finit… grotte sur la mer sans une île à ton regard, sans le salut supposé…

Alors il te fallait revenir sur tes pas, sans souiller ni le rêve, ni l'attente entêtante pour d'autres désirs à venir…

Il n'y avait pas d'habitudes mon amour.

Mon ventre cargo épaissi et lourd d'essences périssables…

Ta caravane insolente qui carillonne pour un défunt supplicié…

A la vie qui doit se rendre derrière ce voile doux et sombre, en ce passage où va mourir l'arrogance des plus durs…

Sur ta bouche et la mienne, se confondaient les liqueurs, sucs précieux qui mouillent les peaux, le drap de velours sur les couches chaudes… quand naître et périr a le même prix.

Je n'étais que cela…

J'ai gardé mes jambes ouvertes sur mes frissons et le froid…

Toi mes parfums humides sur ta verge égarée…

Ce soir, c'est une autre passante qui t'accueille à son tour.

Je sais mon amour, je sais dans l'indicible souffrance, ce ne sont pas les corps qui font la différence.

« Pour te dire l'après mon bel ami… »

La nature se plaint, se courbe s'abîme et se fane… la parole invalide affronte le silence, il ne sert plus à rien de redire la beauté… il y a longtemps qu'ils n'entendent plus la beauté.

Et je n'ai pas guéri de ma blessure.

Lui : Il déserte son lit trop grand, va s'étendre sur ce vieux tapis rouge à la trame usée de tant de pas. Recroquevillé comme une bête dans son désespoir solitaire, il écoute cogner à son cœur des souvenirs qui clament le triomphe d'une vieille conquête… clameur vibrante, joyeuse, songes sans ombres qui viennent redire obstinément son amour immolé aux lâchetés qu'il n'a su repousser… et viennent déposer sur ses lèvres le goût de miel, de ce corps qu'il n'a pas pu aimer.

Elle : Elle se souvient de ses envies, son membre dressé, qui clouait sa vie de son désir ardent, planté dans sa chair au creux de cette blessure d'où naissent les rires et les sanglots, la folle jouissance, l'orgasme douloureux d'une féroce et pitoyable réalité…

Lui : Sur sa couche païenne, sans qu'il ne veuille s'en défendre, s'élance de ses reins la brûlante envie d'elle. Dans son corps d'homme qu'il aspirait à tenir dompté de tout désir et d'amour aussi, ce besoin ressurgit, gronde, et envahit son être d'un incoercible besoin de l'aimer.

Elle : Cet homme, dont le sourire doux et le beau visage l'attendrissaient si profondément, cet homme qu'elle avait tant aimé… qu'une sourde douleur restait encore lovée près de son cœur malgré le temps,… et depuis qu'il était parti vers cette vie qu'il lui interdisait de connaître.

Lui : Des images défilent : ses yeux à elle, il lui disait, « des yeux couleur de temps », son sourire, sa façon d'être qui n'appartenait qu'à elle, sa faiblesse et sa force, sa passion et son pouvoir d'abandon lorsqu'ils faisaient l'amour… qu'était-elle devenue cette femme, qui tenait à jamais dans ses mains, un part de lui-même et dans son cœur la place d'un souvenir heureux.

Elle : Comme elle aimerait qu'il sache, avant que tout soit fini.

Comme elle aimerait lui dire, qu'il ne l'avait jamais quitté, que son amour pour lui est restait l'ultime de sa vie.

De leur histoire elle avait gardé la douceur des instants précieux, la tendresse…

Lointains et adoucis les souvenirs chaque jour revenaient, ils lui avaient permis, malgré le grand chagrin, de ne jamais regretter cet amour…

Lui faire l'aveu, que ni la vieillesse, ni la lassitude n'ont eu raison de son cœur..

Dépôt légal :
1er trimestre 2013

Mise en pages et lecture :
CLAMOR

Edition :
BOOKS ON DEMAND
Paris 8

Impression :
Books on Demand GmbH

Printed in U. E.